DERNIÈRES VOIX DE LA SECONDE GUERRE MONDIALE

MARIE-LOUISE DERUAZ • TERESA IACOBELLI • MÉLANIE MORIN-PELLETIER

MUSÉE CANADIEN DE LA GUERRE
CANADIAN WAR MUSEUM

Catalogage avant publication de Bibliothèque et Archives Canada

Titre: Dernières voix de la Seconde Guerre mondiale / Marie-Louise Deruaz, Teresa Iacobelli, Mélanie Morin-Pelletier.

Autres titres: Last voices of the Second World War. Français

Noms: Deruaz, Marie-Louise, auteur. | Iacobelli, Teresa, 1977- auteur. | Morin-Pelletier, Mélanie, 1980- auteur. | Musée canadien de la guerre, éditeur.

Collections: Collection catalogue-souvenir ; 34.

Description: Mention de collection: La collection Catalogue-souvenir ; 34 | Publié aussi en anglais sous le titre : Last voices of the Second World War.

Identifiants: Canadiana 20250133458 | ISBN 9780660726434 (couverture souple)

Vedettes-matière: RVM: Guerre mondiale, 1939-1945—Récits personnels canadiens. | RVM: Guerre mondiale, 1939-1945—Canada. | RVM: Guerre mondiale, 1939-1945—Anciens combattants—Canada—Biographies. | RVM: Musée canadien de la guerre—Catalogues. | RVMGF: Catalogues.

Classification: LCC D768.15 .L3714 2025 | CDD 940.54/8171—dc23

Publié par le
Musée canadien de la guerre
1, place Vimy
Ottawa (Ontario) K1A 0M8
museedelaguerre.ca

Imprimé et relié au Canada.

Conception graphique par :
nineSixteen Creative Inc.

Le présent catalogue-souvenir est publié dans le cadre d'une exposition réalisée par le Musée canadien de la guerre, avec le soutien de La Légion royale canadienne – Direction nationale.

Table des matières

Avant-propos

Que signifie être ex-militaire; d'être un vétéran ou une vétérane? Dans leur sens le plus large, ces termes désignent les personnes qui ont servi au sein des forces armées, qu'elles aient combattu ou non. Mais ça va plus loin. Ces termes incarnent aussi toute une gamme d'expériences et d'identités qui racontent une histoire complexe et instructive. Alors que s'éteignent les personnes qui ont servi pour le Canada dans le cadre de la Seconde Guerre mondiale, il devient pressant de mieux documenter leurs récits, de célébrer leurs voix et, ce faisant, d'approfondir notre compréhension commune de la diversité des expériences et des émotions issues de la guerre et de ses suites.

Dernières voix de la Seconde Guerre mondiale guide le lectorat dans le parcours de vie de vétéranes et de vétérans, à partir de leurs propres témoignages ou de ceux de proches. Leurs récits, relatés dans leurs propres mots, enrichissent notre perspective concernant l'impact du service militaire sur leur vie. Au-delà de ce qu'ont vécu ces personnes qui ont servi en temps de guerre, elles ont ensuite dû faire face aux défis uniques du retour à la vie civile, de la création de communautés et de la quête de sens.

Cette publication montre comment des vétéranes et vétérans ont pu compter sur des programmes officiels de réintégration, comme des programmes d'études et de formation professionnelle, tandis que ces possibilités étaient moins accessibles, voire inaccessibles, à d'autres. Un certain nombre ont aussi pu apprécier des soutiens sociaux, comme celui d'organisations de vétérans. D'autres décrivent ce qu'ont signifié, à leurs yeux, les cérémonies du Souvenir et les pèlerinages outre-mer. Des proches racontent également comment l'expérience de la guerre a continué d'avoir un impact sur les vétéranes et vétérans, et ce, des années plus tard. L'incertitude entourant la façon de mener une vie normale après la guerre, les signes de stress posttraumatique, l'isolement vécu pendant la réintégration – tous ces récits rappellent sans équivoque que la réalité des ex-militaires est complexe et multiple.

Merci aux autrices d'avoir levé le voile sur le parcours de vétéranes et de vétérans et, surtout, merci aux ex-militaires et à leurs proches qui ont transmis leurs récits afin de nous aider à mieux comprendre leur expérience.

James Whitham

Vice-président, Recherche, Collections et Expositions, et directeur général du Musée canadien de la guerre

Introduction

En mai 1945, la Seconde Guerre mondiale en Europe s'est terminée. De l'autre côté de l'océan et au Canada, les militaires et la population ont descendu dans la rue pour célébrer. Les rues se sont à nouveau remplies en aout, quand la capitulation du Japon – et donc la fin de la guerre – a été annoncée.

À l'avènement de la paix, les personnes qui avaient servi ont connu l'incertitude, ont eu accès à de nouvelles possibilités et ont fait face à de nouveaux défis. Le retour à la vie civile n'a pas été une mince affaire. Pour bon nombre d'entre elles, la réintégration, la reconstruction et la quête de sens ont été le parcours d'une vie. Si les ex-militaires de la Seconde Guerre mondiale ont souvent connu les mêmes expériences, leurs parcours d'après-guerre respectifs ont été uniques.

S'inspirant de réflexions et de récits livrés lors d'entrevues d'histoire orale, ce livre explore les diverses facettes de la vie de vétéranes et de vétérans, ainsi que l'impact durable de la Seconde Guerre mondiale.

▲ Du personnel de la Marine canadienne et quelques membres du Service féminin de la Marine royale du Canada célèbrent le jour de la Victoire en Europe près de Piccadilly Circus, à Londres (Royaume-Uni), le 8 mai 1945.

Qui sont les vétéranes et vétérans de la Seconde Guerre mondiale?

Entre 1939 et 1945, plus de 1,1 million de personnes – dont 50 000 femmes – ont porté l'uniforme canadien. Représentatives de la population du Canada, celles-ci étaient originaires de différentes régions et issues de divers milieux linguistiques, ethniques, économiques, culturels et religieux.

De ce nombre, plus de 45 000 ont péri pendant leur service militaire. Les personnes qui ont survécu sont celles que nous appelons, dans ce livre, les vétéranes et vétérans du Canada de la Seconde Guerre mondiale.

Frank Moritsugu et Fred Kagawa, en 1946. ▲

◄ Margaret McGarvey (à droite) avec une camarade, en 1944.

▼ Tommy Prince et son frère, Morris Prince, en 1945.

« Chacun d'entre nous a une histoire de service différente. Elles ne sont pas toutes pareilles. »

— Le vétéran Gordon Quan, 2022

Leur histoire

En 2021, le Musée canadien de la guerre a lancé le projet Leur histoire, une initiative pluriannuelle d'histoire orale visant à créer, à préserver et à présenter de nouveaux entretiens enregistrés, réalisés avec des ex-militaires du Canada et leurs proches.

Pour ce projet, l'historien Michael Petrou a rencontré plus de 50 personnes qui ont servi dans le cadre de la Seconde Guerre mondiale ainsi que des proches d'ex-militaires. Ce livre s'inspire de leurs récits.

Michael Petrou, Ph. D., réalisant un entretien avec la vétérane Edith MacFarlane dans le cadre du projet Leur histoire, en 2022. ▲

Le vétéran
Douglas Cochrane
tenant des photos
encadrées de lui
et de son épouse,
Margaret Weaver, qui
a aussi servi au sein
de l'Aviation royale
du Canada.

▶

Le vétéran Alex Polowin, en 1944 et vers 2019.

« On se disait : “Et maintenant, quoi? […] Que vas-tu faire le reste de ta vie?” C’est très, très effrayant. »

— Le vétéran Alex Polowin, 2022

CHAPITRE 1

Devenir vétéran ou vétérane

Parmi les gens qui avaient servi dans le cadre de la Seconde Guerre mondiale, un grand nombre appréhendaient le retour à la vie civile. Qui plus est, tout le monde n'avait pas le même accès aux nouvelles possibilités créées pour les ex-militaires.

La réintégration des vétéranes et vétérans du Canada à la vie civile s'est révélée une tâche colossale. La Charte des vétérans, établie par le gouvernement fédéral, offrait des formations professionnelles, des concessions de terres, l'accès aux études universitaires et d'autres programmes. Cette généreuse série d'initiatives était une façon d'investir dans les personnes qui avaient servi le pays.

Conçus d'abord en ayant à l'esprit les anciens combattants blancs, ces programmes ne donnaient pas à tout le monde un accès aux mêmes avantages, produisant des résultats inégaux.

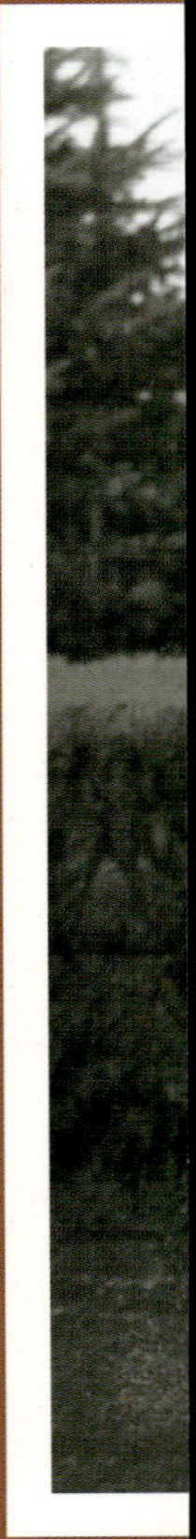

Une affiche de bienvenue à Edson (Alberta), vers 1945. ▲

« Bienvenue à la maison, mon fils »

La famille d'Albert J. Russell a accroché cette bannière pour célébrer son retour à Québec, le 18 octobre 1945.

Russell avait été envoyé à Hong Kong en novembre 1941 avec d'autres militaires du Canada. Blessé et capturé par les forces japonaises le mois suivant, il a été libéré le 15 aout 1945.

Une bannière de retrouvailles.

▲ Albert J. Russell étant accueilli par sa grand-mère, à Québec, le 18 octobre 1945.

« Je ne savais pas vraiment ce que j'allais faire. C'était un soulagement, en quelque sorte, de ne pas avoir à suivre des ordres tout le temps [...]. Juste un grand changement. »

— La vétérane Edith MacFarlane, 2022

La vétérane Edith MacFarlane, ▶
en 1942 et en 2022.
▼

Programmes d'après-guerre

Le documentaire *Future for Fighters* (*Un avenir pour les gens qui ont combattu*) a été produit par l'Office national du film du Canada en 1944. Il véhiculait le message que la fin de la guerre apporterait la prospérité et illustrait la façon dont le gouvernement aidait les militaires à reprendre leur vie après leur démobilisation.

L'affiche du film de l'Office national du film *Future for Fighters* (*Un avenir pour les gens qui ont combattu*), en 1944.

Les étapes suivantes

Des livrets comme celui-ci ont été distribués aux militaires pour les renseigner sur les étapes à suivre après leur démobilisation et sur les indemnités de réinstallation qui pourraient leur être accessibles.

Les étapes de la transition de la vie militaire à la vie civile variaient en fonction de nombreux facteurs, notamment le lieu où les militaires avaient servi (à l'étranger ou au Canada) et la branche (l'armée, la marine ou l'aviation).

◄ **Un livret sur la réintégration, en 1945.**

« [...] on pouvait être payé pour aller à l'université, ou on pouvait obtenir une ferme ou de l'aide pour obtenir une petite concession de terres [... ou] on pouvait prendre son crédit de réinstallation. »

— **Le vétéran Reg Harrison, 2022**

Affiche sur le crédit de réinstallation, vers 1944.

Se battre pour la reconnaissance

Aubrey Ingraham, originaire de Terre-Neuve, a servi à bord du SS *Evelyn B*. Les marins des navires marchands, qui transportaient des approvisionnements essentiels outre-mer, effectuaient un travail dangereux. Durant la bataille de l'Atlantique (1939-1945), les attaques de torpilles menaçaient constamment les navires des forces alliées et les navires marchands.

Bien qu'essentielle à la victoire des Alliés, la marine marchande n'était pas une branche militaire officielle. Après la guerre, ses membres, notamment, Aubrey Ingraham, ont fait campagne pendant des décennies pour obtenir le statut de vétérans et les avantages qui l'accompagnaient.

En 1992, ce statut leur a été accordé. Il a fallu attendre huit ans encore avant l'octroi de pensions rétroactives complètes et d'autres avantages.

Le vétéran Aubrey Ingraham sur l'écoutille du SS *Evelyn B*, vers 1940-1945, puis avec sa femme, Verna, vers 2010. ►

Organisations de vétéranes et de vétérans

Parmi les gens qui avaient servi, nombreux sont ceux qui regrettaient les amitiés qui les avaient aidés à survivre et à endurer les épreuves de la vie militaire. Un certain nombre ont adhéré à des organisations comme la Légion royale canadienne, un puissant groupe de défense de leurs droits, qui offrait aussi un lieu de rassemblement et de discussion. D'autres ont créé leurs propres groupes (en fonction du genre, de l'origine ethnique, de la branche militaire ou de l'unité de service) afin de se prêter mutuellement assistance et de défendre leurs intérêts.

◄

Tobi Asmoucha
Stirling Celebration
(*Célébration à Stirling*)
2007-2009

Partager avec d'autres vétérans

Max Dankner avait 17 ans lorsqu'il s'est engagé dans l'armée, en 1943. De son service en Italie et dans le nord de l'Europe, il a gardé de bons souvenirs et d'autres plus troublants.

Plus tard dans sa vie, Dankner est devenu membre d'une filiale de la Légion à Toronto. Selon lui, « c'était le seul moment où on pouvait parler des choses qui n'étaient plus et de ce qui s'était passé. »

Le vétéran Max Dankner, en 2020. ►

Les filiales de la Légion

La population décroissante des gens ayant servi dans le cadre de la Seconde Guerre mondiale a incité la Légion et ses filiales à accueillir de nouvelles personnes tout en restant actives dans leurs activités traditionnelles. *Stirling Celebration* (*Célébration à Stirling*) et *Karaoke Night* (*Soirée de karaoké*), de Tobi Asmoucha, font partie d'une série de photos dans laquelle l'artiste explore les liens entre les filiales de la Légion et le passé, ainsi que le rôle qu'elles jouent dans les collectivités canadiennes aujourd'hui.

Tobi Asmoucha ►
Karaoke Night (*Soirée de karaoké*)
2007-2009

ROYAL CANADIAN LEGION
VIMY 27
OPEN
6158

« Vétérane ou non, je n’étais toujours pas autorisée à entrer dans la salle principale [de la Légion] ».

— La vétérane Edith MacFarlane, 2022

Le calot d’Olive Paul, de la filiale 548 de la Légion canadienne. ►

« Notre propre filiale »

Ce calot de la Légion appartenait à la vétérane Olive Paul, membre fondatrice de la filiale 548 de la Lady Alexander Legion, à Ottawa.

En 1953, 52 femmes ont créé leur propre filiale de la Légion, réservée aux femmes. Lorsqu'on lui a demandé pourquoi, une des membres fondatrices a répondu : « Ayant été en service actif pendant la plus grande partie de la Seconde Guerre mondiale, nous étions toutes capables d'assumer la responsabilité pleine et entière de notre propre filiale. »

« Je suis très fière de ce que j'ai accompli. J'ai essayé de faire du bon travail, et je crois que j'ai réussi. »

— La vétérane Margaret Hendershot McGarvey, 2022

La vétérane Margaret Hendershot McGarvey, en 1943 et en 2023.

WOMEN'S ARMY
CANADIAN
CORPS
C.W.A.C.
UNIT NO 47
CANADIAN CORPS ASSOC.

Unités d'association de vétéranes

Ce drapeau appartenait à l'unité n° 47 du Service féminin de l'Armée canadienne, Association du Corps canadien.

Après la guerre, de nombreuses femmes qui avaient servi ont décidé de former des unités de vétéranes, d'y adhérer ou de créer leurs propres organisations.

Tout en offrant un réseau social, ces groupes ont préconisé des réformes. Ils ont recommandé la réintégration des femmes dans les forces canadiennes au début des années 1950, après la dissolution des services féminins, en 1946.

◄

Un drapeau de l'Unité n° 47 du Service féminin de l'Armée canadienne, de l'Association du Corps canadien.

« Nous avons eu notre propre expérience particulière »

En 1946, Frank Moritsugu et d'autres vétérans d'origine japonaise du Canada ont créé la S-20 and Nisei Veterans Association. Il a dit : « [La Légion] me donnait un endroit où aller prendre régulièrement une bière. Et ce n'était pas au sein de cette organisation que j'envisageais ma vie en tant que vétéran. »

Les vétérans d'origine japonaise ou chinoise du Canada ont formé des organisations pour tenir des activités sociales et soutenir des initiatives communautaires. Ils ont joué un rôle déterminant en militant pour le droit de vote des personnes d'origine asiatique au Canada, qui a été accordé en 1948.

Le vétéran Frank Moritsugu lors d'une cérémonie du jour du Souvenir au Japanese Canadian Cultural Centre, à Toronto, en novembre 2019.

Les vétérans et la vétérane (de gauche à droite) Ed Lee, George Chow, Peggy Lee et Frank Wong coupant un ruban lors de l'inauguration de l'exposition **Une guerre, deux victoires** du Musée canadien de la guerre, en 2012. L'exposition explorait le vécu des personnes canadiennes d'origine chinoise ayant servi pendant la Seconde Guerre mondiale.

« Deux minutes de silence, c'est beaucoup trop court pour ce que le monde libre a fait entre 1935 et 1945. »

— Le vétéran Arthur « Durwin » Dingle, 2023

L'importance du Souvenir

Pour de nombreuses personnes qui avaient servi dans le cadre de la Seconde Guerre mondiale, il était important de se réunir et de rendre hommage à leurs compatriotes qui avaient péri. Les cérémonies du jour du Souvenir leur en offraient l'occasion.

À l'origine, il y a eu le jour de l'Armistice, créé en 1919 pour souligner la fin de la Première Guerre mondiale. Ayant lieu le deuxième lundi de novembre, il était généralement observé par les ex-militaires et leurs proches lors de petites cérémonies dans des églises et devant des monuments commémoratifs locaux.

En 1931, le jour de l'Armistice a été renommé jour du Souvenir et officiellement fixé au 11 novembre. Lors de cérémonies nationales et locales, l'assistance observe deux minutes de silence en mémoire des personnes disparues.

Tobi Asmoucha
Stirling Cenotaph (*Cénotaphe de Stirling*)
2007-2009

CHAPITRE 2

Le parcours d'une vie

Les militaires servent pendant un temps limité, mais sont vétéranes et vétérans le reste de leur vie.

Chaque vétéran et vétérane de la Seconde Guerre mondiale a eu un parcours unique, mais, pour beaucoup, il s'agissait notamment de se remettre d'expériences difficiles, de retrouver leur capacité d'agir et de chérir les liens avec d'autres ex-militaires.

▶

Elaine Goble
Jour du Souvenir 2000
2001
Dessin

« Parfois, tu es en train de réfléchir, tu es couché, et, soudainement, il te vient à l'esprit des souvenirs de tes camarades qui ont péri [...] Beaucoup de mes camarades ont perdu la vie. »

— Le vétéran Charles Muise, 2022

Vivre et faire face aux traumatismes

Pour nombre de personnes qui ont servi, les traumatismes de la guerre ne s'effacent jamais. Des souvenirs persistent.

Un certain nombre ont fait face à ces traumatismes par la thérapie ou en parlant à d'autres vétéranes et vétérans, tandis que d'autres ont gardé le silence.

Puisque toutes ces personnes ont vécu des expériences uniques pendant la guerre, elles en sont venues à accepter leur passé de différentes manières, certaines mieux que d'autres.

Des croix indiquant les sépultures temporaires de personnes qui ont été emprisonnées dans des camps à Hong Kong, vers 1945.

« Ce qui s'est passé à Hong Kong, ça ne se répète pas. »

George MacDonell était parmi les 1973 militaires du Canada – officiers, soldats et deux infirmières – qui ont débarqué à Hong Kong en novembre 1941 pour défendre la colonie britannique. Le jour de Noël 1941, après des semaines de combats brutaux, la garnison alliée s'est rendue.

Les militaires qui ont survécu à la bataille ont ensuite connu quatre années d'horreur indicible dans des camps de prisonniers de guerre. Plus de 260 ont péri en captivité, tandis que les 1418 qui ont survécu ont gardé des séquelles physiques et mentales le reste de leur vie.

Le vétéran George MacDonell, en décembre 1945. ►

Un symbole unique

L'écusson « HK » que l'on voit sur cet uniforme était remis aux militaires du Canada qui avaient passé du temps dans les camps de prisonniers de guerre de Hong Kong.

Auparavant, les unités canadiennes envoyées à Hong Kong n'avaient pas d'écusson ou d'insigne distinctif, mais les personnes survivantes en ont reçu un dans le cadre du rapatriement, lorsqu'on leur a attribué un nouvel uniforme. Ce symbole les identifiait comme membres d'un groupe d'ex-militaires particulier.

La veste de la tenue de combat du sergent Leonard Wood, avec un écusson « HK » sur le haut de la manche.

« Je ne pense pas qu'il savait comment se comporter avec un enfant de sept ans, et, moi, j'ignorais comment me comporter avec un père. »

— Shelagh Purcell, fille du vétéran Leonard Corrigan, 2022

Le vétéran Leonard Corrigan, prisonnier de guerre à Hong Kong

Leonard Corrigan a participé à la bataille de Hong Kong et a souffert en captivité de 1941 à 1945.

Dans une entrevue enregistrée en 2022, sa fille Shelagh a confirmé qu'outre la longue absence de son père, son retour de guerre avait été très difficile pour la famille. « Il avait les nerfs à vif », explique-t-elle. Aussi, dans son enfance, elle n'amenait jamais de camarades à la maison.

►

Les retrouvailles de Leonard Corrigan et de sa fille Shelagh à Winnipeg, en 1945.

Souvenirs de survie

Leonard Corrigan a tenu un journal pendant qu'il était prisonnier de guerre. Il y a noté les rations alimentaires, les activités quotidiennes au camp et les rumeurs de guerre. Il s'y demandait aussi quels seraient les effets de ses années d'absence sur sa famille.

Dans un passage de son journal empreint d'émotion, Corrigan a aussi décrit comment il avait survécu à une attaque brutale au sabre le 24 décembre 1941, pendant la bataille de Hong Kong.

Après avoir tué son adversaire, il a saisi l'épée, espérant conserver cet objet qui lui rappelait qu'il avait frôlé la mort. Il a été impossible de conserver l'épée originale en captivité. Corrigan a été très reconnaissant qu'un de ses camarades, Tommy Blackwood, lui ait trouvé cette épée juste avant leur départ de Hong Kong, en septembre 1945. Il a conservé son journal et cette épée en souvenir de sa participation à la guerre et de son ardent désir de survivre.

Journal de Leonard Corrigan, de février à juillet 1942. ▲

Épée japonaise ayant appartenu à Leonard Corrigan. ▶

« Je n’en parle pas. Ce sont des secrets dans mon cœur [...]. Je vous ai parlé, mais je ne vous ai pas tout dit. »

— Le vétéran George Morasch, 2023

Le vétéran George Morasch, ►
en 1942 et en 2023.
▼

« Bloqué dans cet instant »

George William Boyer a servi au sein de la Marine royale canadienne. Le 22 aout 1944, pendant qu'il était en service à bord du NSM *Nabob*, son navire a été torpillé dans l'océan Arctique.

Cet incident a hanté Boyer toute sa vie, lui causant des cauchemars et d'autres symptômes distinctifs du trouble de stress posttraumatique. Sa fille Yvonne Boyer se souvient de ses terreurs nocturnes : « Il hurlait "Le pont est touché! Le pont est touché!" [...] Mon père était bloqué dans l'instant où avait eu lieu l'impact – ça va me faire pleurer. »

Malgré son traumatisme, George Boyer a conservé des souvenirs de son séjour de l'autre côté de l'Atlantique. Cette corne à poudre, fabriquée avec une corne de buffle dans laquelle on conservait de la poudre noire, était un lien avec sa famille et ses ancêtres d'origine métisse. Elle lui a probablement été transmise par son grand-père, qui chassait le buffle dans les Prairies. On ne sait pas s'il a porté cette corne à poudre outre-mer, mais elle a été trouvée après sa mort dans une boite contenant des souvenirs de guerre précieux.

George Boyer, ►
vers 1939-1945.

Corne à poudre ayant ▼
appartenu à George Boyer.

◄ Le vétéran Lloyd Gates, en 1946 et en 2010.

▼

« Tu essaies d'oublier, mais tu n'y arrives pas. C'est gravé dans ta tête. »

— Le vétéran Lloyd Gates, 2023

S'approprier le passé

Le 19 aout 1942, des militaires du Canada en poste en Angleterre ont mené un raid manqué à Dieppe, en France. Parmi les 5 000 militaires qui y ont participé, 916 ont péri et 1946 autres ont intégré des camps de prisonniers de guerre.

Un grand nombre de vétérans qui ont participé au raid sur Dieppe ont raconté les traitements durs et dégradants qu'on leur a fait subir en captivité, notamment l'usage de menottes. Les menottes sont devenues un symbole puissant de leur expérience.

Prisonniers canadiens étant menés dans les rues de Dieppe par des forces allemandes, en 1942. ►

RAC

Ce symbole a été récupéré par les survivants pour indiquer une identité commune et l'appartenance à ce groupe unique. Fabriqués dans les camps de prisonniers de guerre, les objets arborant une image de menottes sont devenus des souvenirs importants.

Bague et boite d'allumettes ayant appartenu au vétéran Jack Griss, prisonnier de guerre de Dieppe. ► ▼

VIII B
DIEPPE

« Pour déraciner un traumatisme, il faut remonter à la source, le déterrer, l'affronter. »

— William Allister, *Where Life and Death Hold Hands* (*Là où la vie et la mort se tiennent par la main*), 1989

Art-thérapie

Après la chute de Hong Kong, William Allister a passé 44 mois dans des camps de prisonniers de guerre japonais, où il a connu la famine, les coups, la maladie et des blessures psychologiques. En 1983, il s'est rendu à Kyoto avec sa femme, dans l'espoir de résoudre l'histoire d'amour et de haine qu'il entretenait avec le Japon depuis des décennies.

Ce voyage a donné lieu à la publication de ses mémoires, *Where Life and Death Hold Hands*, et à la création d'une collection de tableaux intitulée *East Weds West* (*L'Est épouse l'Ouest*).

William Allister ►
Where Life and Death Hold Hands
(*Là où la vie et la mort se tiennent par la main*)
1989
Livre

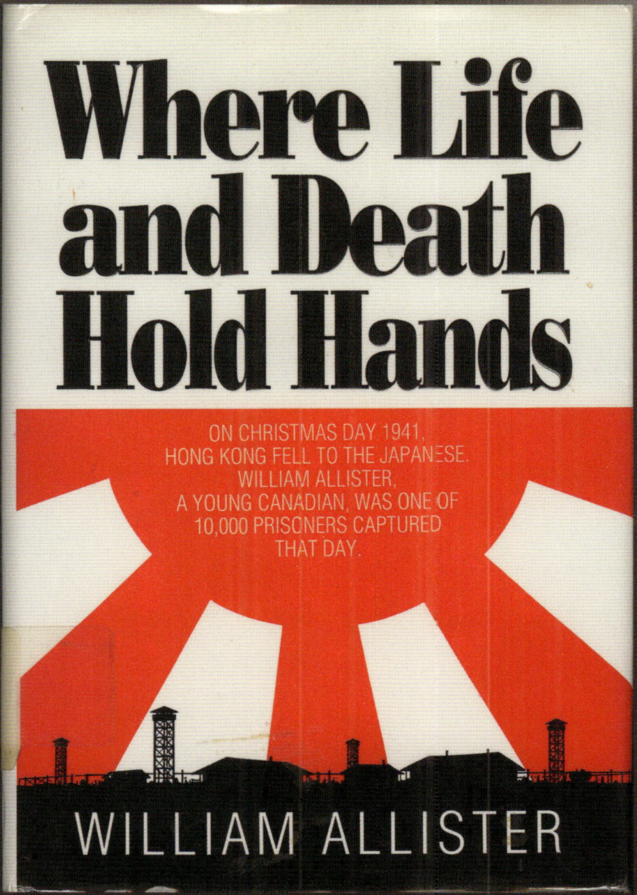
Where Life and Death Hold Hands
ON CHRISTMAS DAY 1941, HONG KONG FELL TO THE JAPANESE. WILLIAM ALLISTER, A YOUNG CANADIAN, WAS ONE OF 10,000 PRISONERS CAPTURED THAT DAY.
WILLIAM ALLISTER

Returning as a Bird *(Retour en oiseau)*

Selon William Allister, la figure centrale de ce tableau est « un paon magique, symbole mythique du guerrier éclairé, qui voit tout, dévoilé devant ses yeux. »

Returning as a Bird est le premier tableau de la collection *East Weds West*, dans laquelle William Allister a allié des thèmes japonais à des formes occidentales, soulignant ainsi le rapprochement des deux cultures.

William Allister ►
Returning as a Bird (*Retour en oiseau*)
1983
Peinture

EN VEDETTE

« Tu la rencontreras peut-être un jour. »

Reg Harrison et Donaldson « Buddy » Holloway, comme plus d'un million de personnes au Canada, se sont enrôlés pendant la Seconde Guerre mondiale. Comme beaucoup de ces jeunes gens, Harrison et Holloway ont développé une amitié étroite durant leur instruction de pilotes.

Harrison se souvient que, pendant les pauses de l'instruction, Holloway écrivait à sa fiancée, Jean, et demandait à son camarade d'ajouter une note à la fin. Ne connaissant pas Jean, Harrison ne savait pas trop quoi écrire, mais Holloway lui disait : « On ne sait jamais, tu la rencontreras peut-être un jour. »

En 1944, Holloway a perdu la vie en Angleterre dans l'écrasement de son avion pendant une instruction en vol. Harrison a écrit à Jean pour lui dire à quel point il était désolé pour Holloway et il lui a promis de passer la voir en rentrant chez lui s'il survivait à la guerre.

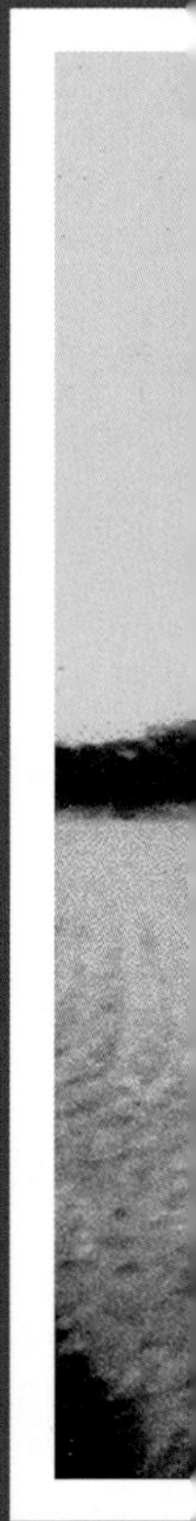

Reg Harrison et Buddy Holloway, vers 1943-1944. ▲

À son retour au Canada après la guerre, Harrison hésitait à aller voir Jean, mais « une petite voix » lui disait que c'était « la moindre des choses que de passer la voir. » En chemin, il s'est arrêté à Ottawa pour rencontrer Jean, comme il l'avait promis. Il a fini par rester quatre jours. Un an plus tard, en 1946, Harrison a épousé Jean. Le couple s'est installé à Saskatoon et a eu trois filles.

▼ Jean et Reg peu après leur rencontre, en 1945.

Reg et Jean le jour de leur mariage, en 1946. ▲

Jean, Reg et leurs trois filles, vers 1960. ►

Reg et Jean pendant leur voyage en Angleterre, en 1978. ▲

La tombe de Donaldson Rendall « Buddy » Holloway, au cimetière de Stonefall, en Angleterre. ►

En 1978, Reg Harrison a dit à Jean qu'il voulait retourner en Angleterre pour voir la sépulture de Donaldson « Buddy » Holloway. Debout devant sa tombe avec Jean, Harrison se rappelle avoir dit : « Eh bien, Buddy, Jean et moi sommes ici pour te saluer. » Il s'est ensuite éloigné un peu pour laisser à Jean le temps de se recueillir seule devant la tombe de Holloway. Le couple n'a pas parlé de cette visite par la suite.

En réfléchissant à ce moment, Harrison raconte : « Il m'a semblé que la boucle était bouclée [...] après lui avoir fait mes adieux à Bournemouth sans jamais le revoir et ensuite me tenir devant sa tombe. »

CHAPITRE 3

Trouver un sens

Les personnes qui ont servi dans le cadre de la Seconde Guerre mondiale ont tenté de donner un sens à ce qu'elles avaient vécu pendant la guerre.

En parlant du passé avec d'autres vétéranes et vétérans et en partageant des histoires avec des membres de leur famille, beaucoup ont trouvé du réconfort.

Un certain nombre n'ont compris qu'après être retournées outre-mer tout l'impact de leur contribution. Pour d'autres, il a fallu des décennies pour comprendre comment la guerre leur avait laissé des marques.

►

Elaine Goble
Guerrier de Normandie
2020
Peinture

Elaine Goble 2020

« Tout à coup, on voulait que je me souvienne. »

Ce tableau montre le vétéran Russell Kaye sur la plage Juno, en France, en 2019.

Kaye hésitait à assister aux cérémonies du 75e anniversaire du jour J, ayant essayé pendant des décennies d'oublier la guerre. Sa famille l'a persuadé d'y aller en tant qu'ambassadeur de l'organisation caritative Wounded Warriors Canada. Accompagné de son fils et de ses deux filles, Kaye a rencontré une communauté française reconnaissante et s'est recueilli sur les tombes de ses camarades.

« En fait, c'était un des moments les plus forts de ma vie », a-t-il déclaré en 2022.

David Whittaker (gendre de Russell Kaye) ▶
The Soldier Returns (*Le retour du soldat*)
2019
Peinture

DC WHITTAKER '19

Accueillir la libération

En 1945, la population néerlandaise en liesse s'est rassemblée dans les rues pour célébrer sa libération. Les troupes alliées ont été accueillies avec enthousiasme et la foule agitait souvent des mouchoirs de couleur orange à l'arrivée des forces libératrices, dont beaucoup de membres étaient d'origine canadienne.

Ce mouchoir ayant appartenu à une résistante néerlandaise surnommée Lily, qui avait 21 ans et était originaire de Bussum, aux Pays-Bas, porte les signatures délavées de plusieurs militaires des forces alliées.

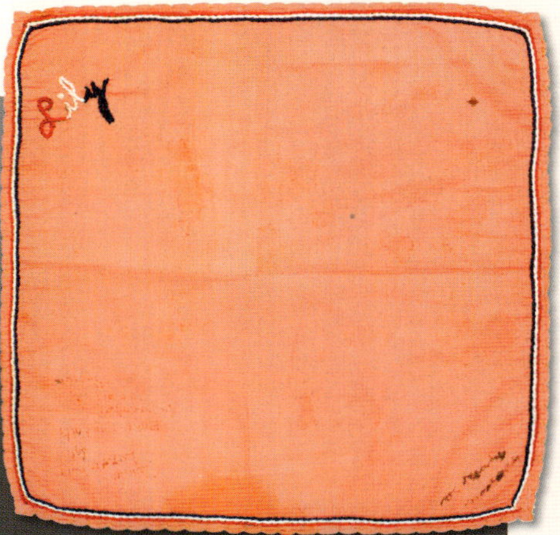

Un mouchoir ayant appartenu à une résistante néerlandaise surnommée Lily.

« Aux Pays-Bas, lorsque ces gens voient une personne du Canada [...] Oh là là! Leur amour pour le Canada est ancré dans mon cœur pour toujours. »

— Le vétéran George Morasch, 2023

Le vétéran Evan Wake (à gauche) et son fils David aux Pays-Bas pour le 50e anniversaire de la libération des Pays-Bas, en 1995.

Un lien durable

Depuis la fin de la guerre, les pèlerinages aux Pays-Bas demeurent une constante dans les commémorations. Ces évènements, soutenus par les gouvernements du Canada et des Pays-Bas, continuent de souligner le lien spécial qui existe entre les deux nations. Le peuple néerlandais nourrit ce lien forgé pendant la libération en offrant des tulipes au Canada et le renforce en assurant l'entretien continu des sépultures des militaires du Canada.

▲

La médaille commémorative ayant été remise aux ex-militaires lors du 50e anniversaire de la libération des Pays-Bas, en 1995.

◄ Une épinglette commémorative.

The Gratitude Collection (La collection de la gratitude)

En 2015, l'artiste Emily Otterman s'est rendue aux Pays-Bas avec un groupe de vétérans du Canada de la Seconde Guerre mondiale, dont son père, Bob Otterman, pour participer aux célébrations du 70e anniversaire de la libération.

Profondément marquée par son expérience, Emily Otterman a créé une série de tableaux intitulée *The Gratitude Collection*. Elle a précisé : « Je me suis donné pour mission de traduire ce dont j'ai été témoin en œuvres d'art qui soulignent notre lien humain et le pouvoir de la gratitude, et qui constituent un lien durable pour les vétérans. »

Emily et Bob Otterman au cimetière militaire canadien de Holten, aux Pays-Bas, en 2015.

Last Salute (Le dernier salut)

Ce tableau, qui fait partie de la série intitulée *The Gratitude Collection*, montre le vétéran Robie Hancock (au centre) la première fois qu'il s'est rendu sur la tombe de Joe Elliott, un camarade tué au combat. Selon Hancock, c'était « l'évènement le plus significatif » de son voyage. John Richardson (à gauche) et Don White (à droite) se joignent à lui pour faire un dernier salut.

Emily Otterman
Last Salute (*Le dernier salut*)
2016
Peinture

▲

◄ Le vétéran Thomas Cooper (premier à gauche), vers 1941-1945, et en compagnie de sa fille et de son petit-fils lors du jour du Souvenir, en 2018.

« Je suis content d'avoir survécu. Je suis content d'avoir pu aider. »

— Le vétéran Thomas Cooper, 2022

« J'ai fait ça pour mes enfants. »

La vétérane montréalaise Jeanne d'Orsonnens Caron n'a créé cet album de photos documentant son expérience de la guerre comme infirmière militaire qu'à la demande insistante de ses enfants et de ses petits-enfants.

D'Orsonnens Caron se rappelle qu'elle ne parlait jamais de la guerre avec son mari, le lieutenant-colonel Raymond Caron. Ses enfants adultes et ses petits-enfants l'ont convaincue de l'importance de préserver et de faire connaitre son histoire.

Photo de Jeanne d'Orsonnens Caron (coin supérieur droit), et une page de son album la montrant en compagnie de collègues et de patients. ▶

« Nos expériences ont donné un sens à nos vies parce que nous étions une petite partie de quelque chose qui était plus grand que notre existence. »

— La vétérane Madeline Fraser, infirmière militaire à l'hôpital général canadien n° 14, 2003

Assiette commémorative

Le décor de cette assiette commémorative, commandée en 1944 par les membres de l'Hôpital général canadien n° 14 à Pérouse, en Italie, illustre des expériences partagées par le personnel.

L'artiste, le major Jules Gosselin, y a représenté le parcours de l'unité, depuis son recrutement à Westmount (Québec) jusqu'à sa dernière affectation à Pérouse.

▶

Assiette commémorative ayant appartenu à la vétérane Margaret Mowat, infirmière militaire de l'Hôpital général canadien n° 14.

WESTMOUNT
"STIRLING CASTLE"
CROOKHAM
PINE WOOD
FARNBOROUGH
HORLEY
COLCHESTER
"SANTA ELENA"
"MONTEREY"
CASERTA
CANCELLO
PERUGIA
1944
1940
RIMINI
DIEPPE
ORTONA
CASSINO
Nº 14 CANADIAN GENERAL HOSPITAL
ROYAL CANADIAN
ARMY MEDICAL CORPS
RCAMC

« Je leur dis quel âge j'avais à ce moment-là [...] pour que l'on comprenne que j'étais vraiment [...] un jeune Canadien ordinaire, à leur image. »

— Le vétéran Frank Moritsugu, 2022

►

Le vétéran Frank Moritsugu parlant avec des élèves de l'école Crestwood, à Toronto, en 2010.

IS ON THE WAY!
THE BEATLES
HELP
MARTIN LUTHER KING, JR.
1929–1968
Black
Loyalist
225

Conclusion

Sur environ un million de personnes qui ont servi dans le cadre de la Seconde Guerre mondiale et qui sont rentrées au Canada, il en restait moins de 10 000 en 2025. C'est notre dernière chance de recueillir et de préserver leurs paroles poignantes et évocatrices afin de pouvoir les transmettre aux jeunes générations.

Leurs récits, ainsi que ceux de membres de familles de vétéranes et de vétérans, montrent que la guerre ne se termine pas avec la fin des combats. Le parcours des ex-militaires est complexe et unique. Les récits que ces témoins de l'histoire ont racontés offrent un point d'entrée pour explorer l'impact de ce conflit au fil du temps sur les gens qui ont servi, leur famille et l'ensemble de la société.

Une vétérane parlant de ses expériences avec des membres du public au Musée canadien de la guerre, à l'occasion du jour du Souvenir, en 2006. ▶

« Je prie pour la paix tous les soirs. Chaque soir de ma vie, je prie pour la paix. Je le ferai ce soir et demain soir, si je suis toujours vivant. »

— Le vétéran Aubrey Ingraham, 2022

Le vétéran Aubrey Ingraham, vers 1940-1945 et en 2022.

Contributions

Les autrices tiennent à souligner le soutien apporté par un grand nombre de collègues du Musée canadien de la guerre et du Musée canadien de l'histoire. Un remerciement tout spécial aux autres membres de l'équipe principale de l'exposition : Jennifer Balasevicius, Shainna Berthiaume, Dave Deevey, Kerry McMaster et Alain Simard.

Nous remercions sincèrement les membres de l'équipe principale du projet d'histoire orale Leur histoire pour leur dévouement : Ashlee Beattie, Michael Petrou, Cornélia Strickler et Cassandra Tavukciyan.

Nous tenons aussi à remercier les membres de notre direction et nos gestionnaires, qui ont fourni à ce projet un soutien considérable, notamment Claire Champ, Tim Cook, Jenny Ellison, Julie Guinard, Glenn Ogden, Drew Oliver et Kirby Sayant.

Nous remercions également nos collègues spécialistes des collections qui ont contribué au projet, notamment Maggie Arbour, Shannyn Johnson, Shirley Lam et Susan Ross.

Nous avons également reçu un appui précieux de plusieurs partenaires externes et remercions spécialement les entreprises de conception TKNL (exposition) et nineSixteen Creative Inc. (livre), ainsi que la chercheuse Renée Lauzon-Cherniak.

Nous exprimons notre gratitude aux organisations et aux personnes qui nous ont aimablement prêté des objets de leurs collections, notamment Yvonne Boyer, la famille Caron, le Manitoba Museum et Emily Otterman.

Nous remercions spécialement Chelsea Osmond et Pascal Scallon-Chouinard pour leur excellent travail dans la production de cette publication.

Et surtout, nous sommes extrêmement reconnaissantes envers les vétéranes, les vétérans et les proches d'ex-militaires qui ont généreusement fourni des photos et des récits, ce qui a considérablement enrichi l'exposition et le livre.

Sources des photos

Couverture intérieure (avant)	Accueil de militaires à Québec, le 18 octobre 1945. Collection d'archives George-Metcalf, Musée canadien de la guerre, 20150151-081
Couverture intérieure (dos)	Le vétéran de la Seconde Guerre mondiale Sidney Cole salue les camarades qui ont péri au combat lors d'une cérémonie au cimetière militaire canadien d'Adegem, en Belgique, en 2019. Avec l'aimable autorisation d'Anciens combattants Canada.
p. 7	Collection d'archives George-Metcalf, Musée canadien de la guerre, 19790488-010_2
p. 8	Avec l'aimable autorisation de Frank Moritsugu.
p. 9	(à gauche) Avec l'aimable autorisation de Maureen Buchanan.
p. 9	(à droite) Christopher J. Woods/Canada. Ministère de la Défense nationale/ Bibliothèque et Archives Canada/PA-142289
p. 10	Musée canadien de la guerre, 20220035-113
p. 11	Avec l'aimable autorisation du centre de santé Sunnybrook, programme des vétérans.
p. 12	(à gauche) Anciens combattants Canada
p. 12	(à droite) Avec l'aimable autorisation du Projet d'histoire orale de Crestwood, Crestwood Preparatory College.
p. 14-15	Collection d'archives George-Metcalf, Musée canadien de la guerre, 20080053-053
p. 16	Musée canadien de la guerre, 20150151-030
p. 17	Collection d'archives George-Metcalf, Musée canadien de la guerre, 20150151-081
p. 19	(à gauche) Musée canadien de la guerre, 20220035-113
p. 19	(à droite) Avec l'aimable autorisation de Steven MacFarlane.
p. 20	Musée canadien de la guerre, 20010129-0543
p. 21	Collection d'archives George-Metcalf, Musée canadien de la guerre, 20100124-007
p. 23	Collection d'archives George-Metcalf, Musée canadien de la guerre, 20070104-033
p. 24-25	Avec l'aimable autorisation de Diane Ingraham.

p. 26	Photo : © Tobi Asmoucha, Musée canadien de la guerre, 20110131-001_43
p. 27	Avec l'aimable autorisation de Stewart Dankner.
p. 28-29	Photo : © Tobi Asmoucha, Musée canadien de la guerre, 20110131-001_25
p. 31	Musée canadien de la guerre, 20210256-002
p. 33	Avec l'aimable autorisation de Maureen Buchanan.
p. 34	Musée canadien de la guerre, 20220413
p. 36	Avec l'aimable autorisation de Kelly Fleck.
p. 37	Musée canadien de la guerre, 2012-0029-0003
p. 39	Photo : © Tobi Asmoucha, Musée canadien de la guerre, 20110131-001_12
p. 41	Collection Beaverbrook d'art militaire, Musée canadien de la guerre, 0010243-001
p. 43	Collection d'archives George-Metcalf, Musée canadien de la guerre, 19780653-001
p. 44	Avec l'aimable autorisation de Sue Beard.
p. 45	Musée canadien de la guerre, 20000100-001
p. 47	Avec l'aimable autorisation de Shelagh Purcell.
p. 48	Avec l'aimable autorisation du Manitoba Museum.
p. 49	Avec l'aimable autorisation du Manitoba Museum.
p. 51	(à gauche) Musée canadien de la guerre, 20230002-034
p. 51	(à droite) Calgary Highlanders Museum
p. 53	(en haut) Collection d'archives George-Metcalf, Musée canadien de la guerre, 20080073-006
p. 53	(en bas) Photo: Musée canadien de la guerre, IL2024003-001_b | Objet: Prêt d'Yvonne Boyer
p. 54	Avec l'aimable autorisation de Mary Gates.
p. 56-57	Bibliothèque et Archives Canada/C-014171

p. 58	Musée canadien de la guerre, 19740246-006
p. 59	Musée canadien de la guerre, 19740246-007
p. 61	Stoddart, 1989; Musée canadien de la guerre, D805 J3 A58
p. 62-63	Collection Beaverbrook d'art militaire, Musée canadien de la guerre, 20170667-001
p. 64-65	Avec l'aimable autorisation de Laurie Harrison.
p. 66	Avec l'aimable autorisation de Laurie Harrison.
p. 67	Avec l'aimable autorisation de Laurie Harrison.
p. 68	Avec l'aimable autorisation de Laurie Harrison.
p. 69	Photo : Nigel Marshall
p. 71	Collection Beaverbrook d'art militaire, Musée canadien de la guerre, 20200359-001
p. 73	Collection Beaverbrook d'art militaire, Musée canadien de la guerre, 20220010-001
p. 74	Musée canadien de la guerre, 20210519-001
p. 75	Avec l'aimable autorisation de David Wake.
p. 76	(en haut) Collection commémorative Tilston de médailles militaires canadiennes, Musée canadien de la guerre, 20010290-007
p. 76	(en bas) Musée canadien de la guerre, 20050057-004
p. 77	Photo : Annet Huisman, avec l'aimable autorisation d'Emily Otterman.
p. 78-79	Avec l'aimable autorisation d'Emily Otterman.
p. 80	Avec l'aimable autorisation de Cathryn Cooper.
p. 83	Avec l'aimable autorisation de la famille Caron.
p. 85	Musée canadien de la guerre, 19940080-001
p. 87	Avec l'aimable autorisation du Projet d'histoire orale de Crestwood, Crestwood Preparatory College.
p. 89	Musée canadien de la guerre, 2012-0010-0085
p. 90-91	Avec l'aimable autorisation de Diane Ingraham.